BEI GRIN MACHT SICH IHR WISSEN BEZAHLT

- Wir veröffentlichen Ihre Hausarbeit,
  Bachelor- und Masterarbeit

- Ihr eigenes eBook und Buch -
  weltweit in allen wichtigen Shops

- Verdienen Sie an jedem Verkauf

Jetzt bei www.GRIN.com hochladen
und kostenlos publizieren

Joana Jung

Wunschkinder. Ein Schritt zur Unmenschlichkeit?

Die Kommerzialisierung der Pränataldiagnose

GRIN Verlag

Bibliografische Information der Deutschen Nationalbibliothek:

Die Deutsche Bibliothek verzeichnet diese Publikation in der Deutschen National-
bibliografie; detaillierte bibliografische Daten sind im Internet über http://dnb.d-
nb.de/ abrufbar.

Impressum:

Copyright © 2013 GRIN Verlag GmbH
Druck und Bindung: Books on Demand GmbH, Norderstedt Germany
ISBN: 978-3-656-65559-6

GRIN - Your knowledge has value

Der GRIN Verlag publiziert seit 1998 wissenschaftliche Arbeiten von Studenten, Hochschullehrern und anderen Akademikern als eBook und gedrucktes Buch. Die Verlagswebsite www.grin.com ist die ideale Plattform zur Veröffentlichung von Hausarbeiten, Abschlussarbeiten, wissenschaftlichen Aufsätzen, Dissertationen und Fachbüchern.

Besuchen Sie uns im Internet:

http://www.grin.com/

http://www.facebook.com/grincom

http://www.twitter.com/grin_com

Pränataldiagnostik

Wunschkinder – Ein Schritt zur Unmenschlichkeit?

GSL – Ausarbeitung – Religion; Joana Jung; GDS1-TGJ1.1

13.7.2013

Inhalt

Pränataldiagnostik

1. Einleitung

Könnte ich mit der Bürde eines behinderten Kindes leben? Wäre ich fähig, gut mit ihm umzugehen und das Beste zu geben? Oder ist es überhaupt möglich im Reich Gottes zu entscheiden, ein Kind, das es vermutlich schwerer als alle anderen hat zu bekommen? Dies alles sind mögliche Fragen der Schwangerschaft, die es zu klären gilt. Inzwischen gibt es die Möglichkeit zu einer Vorgeburtlichen Untersuchung (Pränataldiagnostik), bei der eventuelle Erbkrankheiten und Missbildungen des ungeborenen Kindes festgestellt werden können.

So auch im Fall Tim, der seine eigene Abtreibung überlebt hat und dann von Pflegeeltern adoptiert wurde. Seine leibliche Mutter hatte nach der Diagnose für Down-Syndrom panisch reagiert und mit Selbstmord gedroht, sodass eine Geburt eingeleitet wurde. Sie war sich sicher, das Leben mit einem behinderten Kind nicht zu schaffen.[1]

Ob ein solches Verhalten zu verurteilen ist, kann nicht entschieden werden, ohne sich in derselben Situation befunden zu haben. Allerdings sollte jeder ausreichend aufgeklärt sein und sich Gedanken zu Pränataldiagnostik und ihren möglichen Folgen machen.

2. Definition der Pränataldiagnostik

„Pränataldiagnostik f: (engl.) prenatal diagnostics, prenatal screening; Untersuchung des ungeborenen Kindes;"[2] Bei der pränatalen Diagnostik werden Kinder im Mutterleib auf etwaige Krankheiten untersucht und die

---

[1] [6]
[2] [1]

Diagnostik kann Ursache zur Abtreibung sein. Eine Abtreibung darf jedoch nicht mit einer Behinderung des Kindes begründet werden.[3]

3. Untersuchungsmethoden

3.1. Nicht-invasive Methoden

3.1.1. Ultraschalluntersuchung

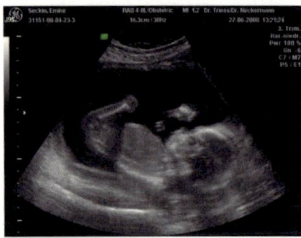

Sie ermöglicht die Darstellung der normalen und fetalen Entwicklung, es können Strukturdefekte fetaler Organe erkannt werden. Die Methode hat keine erkennbaren schädlichen gesundheitlichen Nebenwirkungen (in manchen Büchern ist von Erwärmung des Fruchtwassers zu lesen, dessen Folgen nicht

Abbildung 1

genau abzuschätzen sind). Diese Methode gilt als ethisch unbedenklich und kann der Mutter die Angst vor der Schwangerschaft teilweise nehmen. Kosten für 3 Ultraschalluntersuchungen während der Schwangerschaft (um die 10., 20. und 30. Woche) werden von der Krankenkasse übernommen.[4]

3.1.2. Messung der Nackentransparenz per Ultraschall

Zusammenhang zwischen der Dicke der Nackentransparenz und der Wahrscheinlichkeit für Trisomie 21 (Down-Syndrom). Die Untersuchung wird zwischen der 12. und 14. Woche durchgeführt. Die Dicke der gemessenen Nackenfalte, das Alter der Mutter und die Entwicklungswoche des Embryos werden in Beziehung gesetzt und ergeben einen statistischen Wert. Die Entdeckungsrate liegt bei 80%. Ein auffälliger Befund beweist jedoch noch nichts, der Schwangeren wird zu einer invasiven Methode geraten. Kosten sind von den werdenden Eltern zu tragen.[5]

---

[3] [6]
[4] [1], [4], [5]
[5] [8]

3.1.3. Triple-Test:

Ein Bluttest, er dient der Abschätzung, wie hoch das Risiko ist, dass der Embryo/Fötus ein Down Syndrom oder einen offen Rücken (spina bifida) hat. Die Untersuchung findet zwischen der 16. und 18. Woche statt. Es werden wieder das Ergebnis, das Alter der Schwangeren sowie das Alter des Ungeborenen in Beziehung gesetzt. Heraus kommt ebenfalls ein statistischer Wert. Die Chancen, ein Down-Syndrom aufzudecken liegen bei 60-70%, viele Faktoren können das Ergebnis verfälschen. Ein auffälliger Befund beweist hier ebenfalls noch nichts, der Schwangeren wird wiederum zu einer invasiven Methode geraten. Kosten sind von den werdenden Eltern zu tragen.[6]

3.2. Invasive Methoden

3.2.1. Amniozentese (Fruchtwasseruntersuchung):

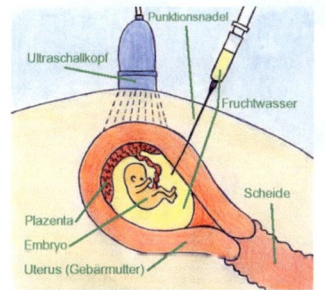

Abbildung 2

Untersuchung von Fruchtwasser- bzw. Plazentazellen im Sinne einer genauen Bestimmung des Chromosomensatzes, Fehlbildungen der Wirbelsäule, geschlechtsgebundene Erbkrankheiten (z.B. Muskelschwund) sowie die gezielte Diagnostik von Stoffwechseldefekten in Risikogruppen. Frühestens in der 14. Woche durchführbar (meist 16.-18. Woche). Wartezeit auf das Ergebnis: 2-3 Wochen. Risiko für die Mutter: Narkoserisiko (1 10000) und 1 Promille einer intrauterinen Infektion. Risiko für das Baby: 05% insbesondere eines Abortes. Risiko einer fehlerhaften Interpretation der Untersuchungsergebnisse liegt bei unter 1 %. Ethische Bedenken liegen im späten Zeitpunkt der Untersuchung. Einschließlich Wartezeit kann es zu einer Abtreibung bis in der 22 Woche kommen. Der Fetus ist zu diesem Zeitpunkt gut ausgebildet, schmerzempfindlich und nach der

---

[6] [9], [10]

Abtreibung potentiell lebensfähig. Kosten für diese Untersuchung werden von der Krankenkasse übernommen.[7]

3.2.2. Chorionzottenbiopsie:

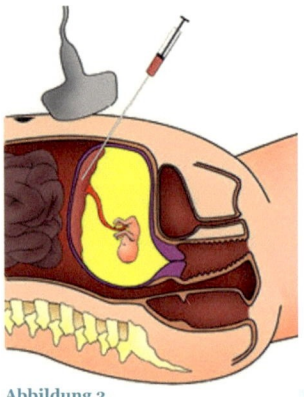

Ab 11. Woche. Die Haut des Embryos ist rundherum mit Chorion (Zottenhaut) bewachsen, an der Stelle, wo sich die Fruchthülle in der Gebärmutter verankert, wächst das sogenannte chorion fronosum - die spätere Plazenta. Einige der Zellen werden durch eine Punktionsnadel entnommen. Es können Chromosomendefekte erkannt werden. Wartezeit auf den Befund: 1 Tag bis 2 Wochen. Risiko, durch den Eingriff eine, Fehlgeburt auszulösen: 0,5-1 %. Problem: Unterscheidung von mütterlichem und fetalem Gewebe, Risiko einer fehlerhaften Interpretation der Untersuchungsergebnisse: unter 2%.[8]

Abbildung 3

4. Anmerkungen von Seiten der Ethik

4.1. Verantwortung

Es sind viele Risiken und Fehlinterpretationen möglich. Angenommen, man bekäme die Nachricht, dass das Baby einen genetischen Defekt habe und man abtreiben würde. Kann ich es mit meinem Gewissen vereinbaren, ein lebensfähiges Wesen aus möglicherweise egoistischen Gründen zu töten, das eventuell gar keine Behinderung hat? Oder auf die andere Weise gesehen, wenn man nicht abtreiben würde. Kann ich es dann aushalten, einen Menschen in die Welt zu setzen, bei dem ich doch von Anfang an weiß, dass er kein leichtes Leben haben wird und nicht exakt dieselben Voraussetzungen für das Leben wie andere Menschen mitbringt. Ob man mit einer dieser

---

[7] [1], [11]
[8] [1], [12], [13]

Entscheidungen leben kann, muss man für sich persönlich entscheiden, bevor man eine der o.g. Untersuchungen in die Wege leitet.[9]

4.2. Risikoabschätzung

Bei jeder Untersuchung liegt das Risiko - sei es einer Fehlinterpretation der Daten oder des Risikos einer Fehlgeburt - bei mindestens 1 %. Bei den nichtinvasiven weitaus höher, aber denen folgt ja dann noch im Normalfall eine invasive). Das statistische Risiko einer 25-jährigen Frau, ein Baby mit Down-Syndrom zu bekommen, liegt bei 1: 1352, also weit unter einem Prozent. (Bei einer Frau von 44 Jahren liegt es bei 1:30.[10]

4.3. Bewertung des Lebens

Liegt den Eltern ausschließlich eine mögliche Erbkrankheit als Entscheidungskriterium zugrunde, ob sie ein Kind bekommen möchten oder nicht, entscheiden sie darüber, was wertes und unwertes Leben ist. Das ist nicht gerecht und zudem akzeptiert es den Wert eines noch ungeborenen Lebens nicht. Außerdem stellen sich weitere Fragen: Welcher Grad der Beeinträchtigung zu welchem Zeitpunkt darf als genügend große Abweichung von der Normalität bzw. Gesundheit gelten, sodass man eine Abtreibung erlauben könnte?[11]

4.4. Missbrauchspotentiale

Es besteht hierbei die Möglichkeit zu einer Selektion und die es könnte sein, eine neue Welle rassistischen Denkens zu provozieren. Bereits im zweiten Weltkrieg wurde stark selektiert und nach äußerlichen Eigenschaften anstelle von Charakter entschieden, was wertes Leben ist. Daher gilt es, ein erneutes Eintreten derartiger Zustände zu vermeiden.

4.5. Folgenabschätzung für die Gesellschaft

Es ist sehr unsicher, wie sich eine zunehmende Abtreibung aufgrund genetischer Fehler zunächst auf die Behinderten, ihre eigene Vermeidbarkeit

---

[9] [2]
[10] [7]
[11] [2]

vor Augen gestellt wird und auf die gesellschaftliche Einstellung zu Behinderten auswirken wird. Die Verwendung von viel Pränataldiagnostik könnte schließlich zu einer Steuerung der Gesellschaft führen, in der Behinderte weniger wert sind. Ziel der Humangenetik sollte es eher sein, dass menschliches Leid vermindert wird und nicht den Genpool zu verbessern. Wenn man aber aufgrund von genetischer defekte abtreibt, könnte die Gesellschaft auf lange Zeit hin gesehen ihre Humanität verlieren und man rückt stückweise näher zur Unmenschlichkeit.

4.6. Problem der Begriffsbestimmung

Es handelt sich hier um eine neu entwickelte Eugenik und jeder Wert, der in dieser Eugenik als normal bzw. gesund gilt ist willkürlich und von Menschen gewählt. Deshalb kann es kein perfekter Wert sein, der von jedem angestrebt werden sollte. Genetisch bedingte Funktionsstörungen sind nicht schlecht und deshalb automatisch zu vermeiden. Ebenso ist der Begriff der Behinderung nicht gut gewählt. Er darf nicht mit einer Krankheit gleichgesetzt werden.

Am Schluss stellt sich noch die Frage, ob wir das Recht und den Anspruch auf perfekte Kinder haben, obwohl wir als Eltern nie perfekt sein werden?

5. Pränataldiagnostik im Reich Gottes

„Du sollst nicht töten!"[12] lautet das wohl wichtigste Gebot der Bibel. Doch genau dieses wird beim Gedanken an eine Abtreibung nach der Pränataldiagnostik in Frage gestellt. Ist eine Untersuchung überhaupt möglich, wenn eine Abtreibung und somit eine Vernichtung potentiellen Lebens stattfinden würde?

---

[12] [3]

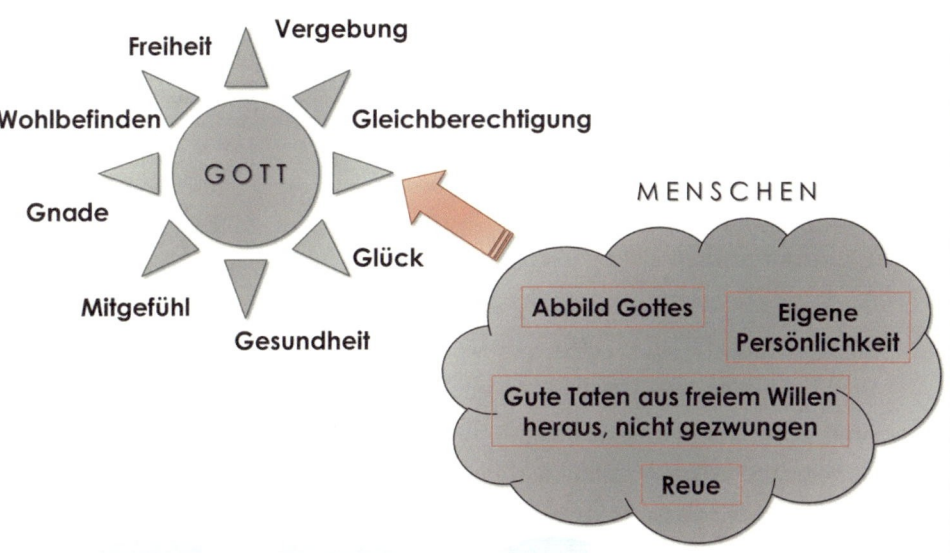

Das Reich Gottes steht für Dinge wie Glück, Gnade und Freiheit. Die Pränataldiagnostik scheint dem zu widersprechen. Gott hat die Menschen allerdings als sein Abbild, mit eigener Persönlichkeit geschaffen. Wir sollen also Entscheidungen selber treffen und haben die Freiheit, in unserem Leben zu tun, was wir für richtig halten. Diese Freiheit wird aber unter anderem mit dem Kategorischen Imperativ Immanuel Kants eingeschränkt. Auch wenn ein ungeborenes Kind keinen Willen hat, nehmen wir ihm die Freiheit zu einer möglichen Entscheidung für oder gegen das Leben. Wichtig ist aber, dass wenn die Entscheidung auf eine Abtreibung fällt, aufrichtige Reue gezeigt wird, denn so ist die Vergebung Gottes gewährleistet.

6. Fazit

Die Frage nach der Richtigkeit der Pränataldiagnostik kann nicht von Menschen beantwortet werden. Zwar gibt es Argumente wie die Überbevölkerung oder dieses, dass das Kind ein schweres Leben hätte, aber im Grunde gibt es mehr Argumente gegen die Untersuchungen. Durch solche Untersuchungen und der modernen Zeit wird die Tötung schrittweise relativiert. Zudem ist die Abtreibung ein großer Schritt zurück in der Emanzipation. Wir leben in einer Gesellschaft, in der jeder Mensch gleich viel Wert geschenkt werden sollte. Man sollte sich, bevor man sich zu einem Kind entscheidet über alle Risiken im Klaren sein und sich bewusst machen, was es heißt ein Kind zu bekommen. Informiertheit schützt vor den vielen Abtreibungen. Eine Abtreibung ist in Fällen in Ordnung, in welchen das Kind leiden würde, wenn es zu Welt käme. Es ist auf jeden Fall immer so zu entscheiden, wie es den meisten beteiligten dabei gut geht. Eine Pränataldiagnostik mit Folge der Abtreibung, die lediglich aus Egoismus stattfindet sollte in jedem Fall nicht durchgeführt werden.

7. Quellen

Literatur:

- [1] Pschyrembel, Klinisches Wörterbuch. 258. Auflage. Berlin: Walter de Gruyter, 1997
- [2] Hey, Monika: Mein Gläserner Bauch. Wie die Pränataldiagnostik unser Verhältnis zum Leben verändert. 1. Auflage. München: Deutsche Verlags-Anstalt, 2012
- [3] Hoffnung für alle. Die Bibel. 5. Auflage. Basel/Gießen: Brunnen Verlag, 2001

Internet:

- [4] Bernd Harder (2005): http://www.focus.de/gesundheit/arzt-klinik/mein-arzt/igel/alle/baby-fernsehen_aid_19556.htmlS (13.07.2013)
- [5] Dr. Martin Melzer (2012): http://www.apotheken-umschau.de/diagnose/ultraschall (13.07.2013)
- [6] Silvia Dahlkamp (2010): http://www.spiegel.de/panorama/gesellschaft/spaetabtreibung-das-geschenk-eines-lebens-a-685454.html (13.07.13)
- [7] Parental (Zahlenwerte von hier): http://www.praenatal.de/cms/20.0.html (13.07.2013)
- [8] Babycenter L.L.C. (2012): http://www.babycenter.de/a14163/die-nackentransparenzmessung (13.07.2013)
- [9] Dr. Med. Vincenzo Bluni (2013): http://www.bluni.de/index.php/a/igel_schwanger_triple
- [10] Bernd Harder, Der große IGeL-Check (Knaur, 2005), MDS: http://www.focus.de/gesundheit/arzt-klinik/mein-arzt/igel/alle/fuer-schwangere_aid_19712.html (13.07.2013)
- [11] Babycenter L.L.C (2012): http://www.babycenter.de/amniozentese-oder-fruchtwasseruntersuchung (13.07.2013)
- [12] Universitäts Frauenklinik Tübingen (2007): http://www.uni-frauenklinik-tuebingen.de/bereiche/praenataldiagnostik/chorionzottenbiopsie.html (13.07.2013)
- [13] Udo Hartmann (2013): http://www.treffpunkteltern.de/schwangerschaft/Schwangerschaftsvorsorge/chorionzottenbiopsie_670.php (13.07.2013)

Abbildungen aus dem Internet:

- Abbilung 1: http://www.praxis-triess.de/upload/Schwangerschaft_und_Geburt/Mutterschaftsvorsorge/Praenataldiagnostik/Ultraschalluntersuchung_3.jpg
- Abbildung 2: http://www.frauenarztpraxis-mallorqui.de/amniozentese.htm
- Abbildung 3: http://3dsonographie.de/Grafik3.jpg